BRADLEY TREVOR GREIVE

Amigos para siempre

el verdadero valor de la amistad

V&R
EDITORAS

A los que creyeron en mí cuando yo había dejado de creer en mí mismo.

A los que con su sonrisa alejaron la oscuridad de mi rostro.

A los que transformaron mis problemas en alegrías sin pedir recompensa.

A aquellos cuyo cariño y buen humor me dieron alas y un cielo azul.

A los que no podré jamás agradecer lo suficiente, ni en esta vida, ni en la próxima.

A mis amigos.

No es fácil encontrar las palabras para hablar de una amistad como la nuestra. Esto es raro, considerando que somos amigos tan cercanos.

Hubo tantas veces en que ambos necesitamos de un hombro donde llorar o de apoyo incondicional...

Esto me hace pensar: ¿cómo podemos expresar el verdadero valor de los amigos? ¿Qué hace que una amistad como la nuestra sea tan especial?

Porque a pesar de lo que la gente cree, es posible vivir solo.
Incluso, puede tener algunas ventajas,

y hay ciertas actividades que, francamente,
no deberían incluir a nadie más.

Es un hecho científico que el tiempo que uno pasa
en sosegado aislamiento, meditando sobre la vida,
es esencial para un estado mental saludable.

Pero, en definitiva, somos criaturas sociables y sentimos que estar con otras personas es una experiencia muy enriquecedora.

Existe un hecho curioso acerca de la amistad: al comprender a los demás, nos comprendemos mejor a nosotros mismos.

Lo que buscamos y apreciamos en nuestros amigos son las mismas
cualidades que más nos enorgullecen de nosotros mismos o que,
al menos, desearíamos que fueran más evidentes. De modo que,
en gran medida, los amigos nos dicen mucho acerca de quiénes somos

y de quiénes no somos.

Tenemos muchas clases diferentes de amigos: desde la persona a quien simplemente le sonreímos y le damos un apretón de manos al entrar a la oficina hasta aquellos amigos de la infancia.

También están los amigos de ese grupo a quienes vemos de vez en cuando,

y los compañeros de trabajo, con quienes dejamos atrás
la semana laboral con un trago reparador en el bar.

Y hasta tenemos amigos imaginarios (pero, estamos entrando en terreno freudiano, de modo que continuemos...).

Las amistades genuinas se basan en una visión compartida:
nuestra vida es mejor, de alguna manera,
porque ciertas personas son parte de ella.

A pesar de las enormes diferencias, los verdaderos amigos
estamos de acuerdo en los temas que realmente importan:
los valores, las pasiones, las inquietudes en común
y el respeto mutuo, que enriquecen nuestras vidas.

Podemos contar siempre con ellos
para que nos cuiden las espaldas y protejan nuestros intereses.

Esta fe en los amigos crece a medida que cada uno ayuda al otro a avanzar en la vida.

Es esa confianza con la que contamos
cuando compartimos secretos,

cuando les preguntamos si tenemos la corbata torcida

o cuando nuestro cabello precisa un arreglo especial.

Un amigo sabe cuándo necesitamos un abrazo

o un masaje relajante.

También sabe cuándo ofrecer su opinión y consejo
con seriedad y honestidad,

y cuándo decirte: "¡Cambia esa cara larga!"

Lo más importante es que los amigos también saben
cuándo sentarse solamente a nuestro lado, sin decir nada.

Obviamente, lo mejor de la amistad es divertirse juntos.
Divertirse mucho juntos.

Ir en pos de aventuras,

corear a dúo las canciones en un recital de rock

y, básicamente, disfrutar situaciones disparatadas que, probablemente, no tendrían ningún sentido para los demás.

Por supuesto que cualquier relación que valga la pena tiene un precio. Algunos amigos necesitan tanto apoyo que se convierten en una carga.

O puede que nos quieran demasiado, llegando a sofocarnos con su cariño excesivo.

Ni siquiera las almas gemelas están de acuerdo en todo, siempre.
Aceptémoslo.

De hecho, hay momentos en que nuestros amigos,
a pesar de conocernos tanto, parecen decididos a volvernos locos.

Algunos desarrollan una admiración enfermiza
por nuestra manera de vestir

o tienen hábitos muy poco elegantes, que no pueden abandonar.

Hasta tus mejores amigos pueden abrir su enorme boca
en los momentos más inoportunos

y entonces, te enteras de que todos en la oficina saben que, por cábala, usas ropa interior de un rojo audaz en tu primera cita.

Sin embargo, después de un tiempo, nos encogemos de hombros, los perdonamos y seguimos adelante. Porque eso es, justamente, lo que hacen los amigos.

Los grandes amigos no se pueden fabricar en un laboratorio.

Tampoco podemos ordenarlos a domicilio, como una pizza,

ni hallarlos con un buscador de Internet.

Sin embargo, hay amigos potencialmente maravillosos en todas partes, esperando que los encontremos.

Por lo general, no es fácil saber desde el primer momento
si te llevarás bien con alguien o no.
Hay personas que nos inspiran y nos dan fuerzas

pero hay otras que nos aburren hasta el hartazgo.

Hay individuos que nos hacen sentir muy cómodos y relajados, y otros, que nos vuelven locos.

Una verdadera amistad es algo que se construye de a dos.
En muchos aspectos, es un viaje que hacemos juntos.

La clave para comenzar con el pie derecho
es no intentar impresionar a nadie.

No se puede fingir todo el tiempo, de modo que más vale ser uno mismo desde el principio.

Es bueno tomarse un tiempo para conocerse. ¿Cuál es el apuro?

Todos queremos —y merecemos— un amigo con quien
relacionarnos de verdad, de manera significativa,

alguien que nos acepte con nuestros miedos y limitaciones
y nos anime a ir más allá de lo que jamás creímos posible.

Alguien con quien compartir nuestros bienes más preciados,

las carcajadas estrepitosas

y las tristezas.

Un amigo que sepa descubrir nuestras cualidades ocultas,

a quien le gustemos sin reservas, por lo que somos realmente

y que así nos ayude a desarrollar al máximo
nuestro extraordinario potencial.

Los verdaderos amigos dan alegría a nuestro corazón
sin siquiera esforzarse

y convierten cada momento compartido
en un adelanto de la Navidad.

Cuando estamos ante un amigo verdadero, sabemos exactamente qué está pensando sin que diga una palabra.

Establecemos juntos una conexión muy especial.
Por momentos, parecemos las únicas dos personas en el mundo.

La amistad es un tipo de sociedad particular

que se basa en la comprensión profunda de que, de a dos,
lo imposible se convierte en deliciosamente posible.

Sé la suerte que tengo de haber encontrado un amigo como tú,

y sólo quiero que sepas que suceda lo que suceda,
nunca estarás solo,

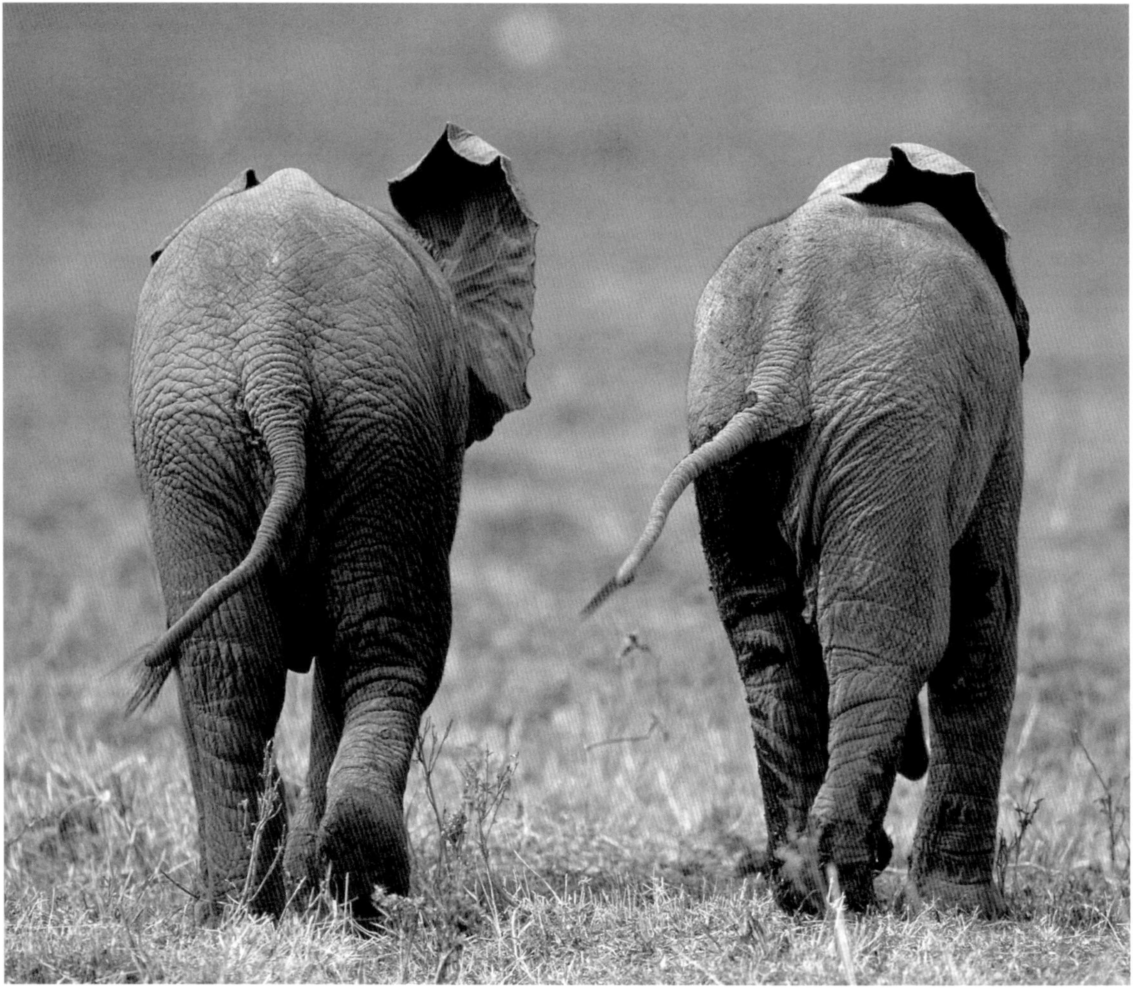

porque seremos amigos para siempre.

Siempre.

Agradecimientos

Me he dado cuenta recientemente de que mis padres y yo nos hemos hecho muy buenos amigos. No es que no lo fuéramos antes, sino que, gradualmente, en estos últimos dos años, los roles familiares se han ido relajando tanto que sólo el cariño y el respeto mutuos permanecen intactos. Hoy en día buscamos estar juntos por motivos que van más allá de las lealtades familiares. Y lo mejor de todo es que nuestras conversaciones de sobremesa ya no terminan cuando alguien es enviado a dormir… hasta ahora (estoy vigilando de cerca a mi padre). Por supuesto que todavía puedo aprender mucho de ellos, pero ahora, quizás, ellos también pueden aprender un poco de mí.

Sin embargo, no sólo disfruto más que nunca de la compañía de estas dos personas extraordinarias sino que, de repente, veo a todos mis amigos con otros ojos. Me doy cuenta ahora de lo importantes que han sido en todas las áreas de mi vida; en muchos aspectos, ellos también son mi familia. O, para decirlo de otro modo, ahora veo que me he rodeado de una familia de amigos. Tengo mucho que agradecerles y sospecho que hay mucha gente que siente lo mismo, por eso es que disfruté tanto escribiendo este libro sobre el verdadero valor de la amistad.

A lo largo de los años, he encontrado un hogar en más de treinta conocidas familias editoriales alrededor del mundo que me han brindado todo su apoyo. Mi eterna gratitud a estos colaboradores, maravillosos y creativos, que han dado vida a mi obra y, de esta forma, han hecho posible mi propia vida. Les agradezco a todos desde el fondo de mi corazón y levanto mi copa en un brindis especial en honor de Christine Schillig de Andrews McMeel (EE.UU.) y Jane Palfreyman de Random House (Australia), mis tutoras editoriales más elocuentes y perspicaces.

También estoy agradecido por mi propia tribu del BTG Studios Group de Australia, una pequeña pero vibrante colección de individuos carismáticos para quienes la creatividad y la audacia son una forma de vida.

Como todos los libros de la serie, *Amigos para siempre* no sería lo que es sin sus increíbles imágenes. Invito a todos a celebrar a los fotógrafos y a los respectivos archivos que tanto han dado a este libro, buscando la lista actualizada de contactos en www.btgstudios.com.

Mi servicio en tiempos de paz, al mando de un pelotón aéreo en el ejército australiano, fue asombrosamente breve y sin incidentes, ya que pertenezco a una nación soleada y tranquila, que comparte todas sus fronteras con delfines. Sin embargo, comprendo absolutamente la importancia de los amigos cuando el mundo a tu alrededor parece ponerse al revés. Mis amigos del ejército y yo siempre hemos podido contar los unos con los otros y siempre podremos hacerlo.

Cuando pienso en tener amigos para siempre, debo reconocer que nadie en el mundo editorial me ha acompañado como mi insigne agente literario y héroe certificado, Sir Albert J. Zuckerman de Writers House, New York. Cuando yo era poco más que un desconocido autor de Tasmania que apenas podía mover los pies al compás de la música, Al tomó mis hombros caídos, sacudió mi modesto talento y me enseñó a bailar en el escenario del mundo. Tengo la certeza de que no habría podido llegar tan lejos de no haber sido por él.

Supongo que el vínculo más obvio entre Al y yo es nuestro pasado común al servicio del ejército. Por supuesto que es Sir Albert quien posee las mejores cualidades del guerrero poeta. Pocos meses después de unirse a miles de bravos *marines* que marchaban sobre las playas de Normandía durante la Segunda Guerra Mundial, Al se encontró herido y separado de su unidad tras líneas enemigas, después de un fallido aunque confuso contraataque del Eje. Al se desplomó bajo el único techo disponible que encontró, una pastelería abandonada. Recorriendo el alborotado local en búsqueda de algo para comer, descubrió a una cachorrita pequinesa rubia, temblando dentro de una lata de leche en polvo. En su collar, cuidadosamente bordado a mano, decía: "La Petite Chenille" (la pequeña oruga).

La cachorrita era tan sensible al ruido que, con el simple método de esconderse debajo de la cama, le advertía a Al del fuego enemigo mucho antes de que sus desarrollados sentidos de combate hubieran percibido el sonido de los proyectiles. No pasó mucho tiempo antes de que esta pequeña oruga amigable se hubiera metido en el corazón de Al para siempre. Su compañía mantuvo vivos sus sueños y esperanzas.

Luego de ser rescatados por las fuerzas británicas, pasaron muchas semanas en un hospital de campaña, donde Al descubrió que su suave amiga tenía también un fino oído para la música, con una clara preferencia por Edith Piaf. Juntos cantaron los hermosos lamentos de Piaf, Chenille aullando melodiosamente.

Después de la guerra, Al llevó a Chenille con él a los Estados Unidos, donde actuaron en el Carnegie Hall de New York. Juntos lograron abrumar a los críticos y toda la ciudad los aclamó. Con una temporada a sala llena, Al hizo suficiente dinero como para empezar Writers House.

Claro que hubiera renunciado a todo si con eso hubiera podido alargar la vida de Chenille aunque fuera una hora. Lamentablemente, ella murió mientras dormía, a los dieciséis años. Cuando Sir Albert me contó esta historia, concluyó abriéndose la camisa y mostrándome el tatuaje desvaído de una cachorrita pequinesa ubicado justo sobre su corazón. Él me miró fijo a los ojos y me dijo: "BTG, en esta vida conocerás a mucha gente y harás muchos amigos. Algunos serán valientes y algunos serán divertidos. Algunos serán bajos y otros serán altos. Habrá algunos que, como tú, serán más jóvenes y otros serán mayores, como yo. Algunos te ofrecerán pan y vino, mientras que otros te convidarán mazapán, aunque no te guste. Nunca los juzgues. Lo importante es que seas leal a tus amigos, siempre. Y que nunca dejes pasar la oportunidad de agradecerles por compartir sus vidas contigo. Si eres leal, amable y agradecido, entonces, tal vez, sólo tal vez, habrás encontrado un amigo para siempre".

Al, ¿qué hice yo para merecer un amigo como tú?

En memoria de Biff, un amigo para siempre.

Acerca del autor

Bradley Trevor Greive. Nació en Australia y pasó casi toda su infancia entre el Reino Unido, Hong Kong y Singapur. Se graduó en el Colegio Militar Real y sirvió como comandante de patrulla de paracaidistas antes de abandonar el ejército para ir en pos de aventuras más creativas.

Es también un artista plástico galardonado, creador de tiras cómicas, poeta, diseñador de juguetes, guionista, inventor y cosmonauta matriculado. Bradley vive la mayor parte del tiempo en Sydney, Australia.

Sus libros han estado varias veces en las listas de best-sellers del *New York Times*. Su libro *Un día de aquellos*, admirado en más de treinta y cinco países, ya es un clásico moderno. Siete de sus títulos anteriores han ganado premios en todo el mundo y han vendido más de diez millones de ejemplares.